AF360417

DU RETOUR

EN FRANCE

DES ÉMIGRÉS.

DU RETOUR

EN FRANCE

DES ÉMIGRÉS,

CONSIDÉRÉS

COMME FUGITIFS OU REBELLES.

———

PARIS,

FRUCTIDOR AN VIII.

1800.

NOTE PRÉLIMINAIRE.

Sɪ je ne croyais ni à la justice du gouvernement, ni à la liberté des citoyens, je n'aurais pas hasardé de publier ces idées, qui, je n'en doute pas, déplairont à beaucoup de monde, mais à la conservation desquelles je crois le sort de la révolution française attaché. Quelques personnes semblent se rassurer sur les dangers qui menacent la république, par le petit nombre de Français armés contre elle; cette erreur (s'il faut l'appeler ainsi) doit être relevée. Dans tout ce qui tient aux agitations politiques c'est rarement le nombre des mécontens, mais toujours leur influence qu'il faut considérer : la classe de ceux qui se sont armés contre les principes de la révolution française a dû nécessairement rencontrer des auxiliaires partout où il y a des préjugés et des abus, et sous ce rapport leur influence doit être très-étendue ; elle doit l'être encore par tous les intérêts secondaires et dépendans des premiers qu'elle a froissés dans l'intérieur ; elle doit l'être enfin par toutes les considérations qui naissent d'antiques privilèges détruits, et de l'amour-propre outragé. Il n'y aura dans cet écrit ni partialité ni haine ; cependant, comme je n'hésiterai pas à sacrifier les intérêts privés à l'intérêt de tous, je m'attends à un grand débordement d'invectives. Si, à la honte de la raison éternelle, les principes

qui ont amené la révolution française de-
vaient s'effacer de notre législation, il
ne resterait plus à leurs défenseurs qu'à
s'effacer avec eux. Cet avenir est loin
de ma pensée, loin surtout, et j'aime
à le croire, de la volonté des dépositaires de l'autorité nationale ; mais,
au milieu du cahos d'une législation
naissante, de la confusion de tant
d'opinions, d'intérêts opposés qui se
heurtent, quels hommes et quelle sagesse peuvent demeurer exempts d'erreurs ? C'est surtout lorsque ces erreurs prennent leur source dans une
honorable sensibilité qu'il est plus pénible de s'élever contre elles, et qu'on
a besoin d'être soutenu de toute l'éner-
gie qu'inspire l'assurance d'avoir rem-
pli un grand devoir. Je ne m'occuperai

qu'accidentellement des calculs finan-
ciers, qui se lient au sujet qui m'occupe. Il y a long-tems qu'il est démontré à tous les bons esprits que le
crédit est la base la plus solide des
états, et celui de la république française repose presque tout entier sur
la vente des domaines reconnus nationaux, et l'immobilité de la législation à l'égard des hommes qui, s'at-
tachant au service de nos ennemis,
se sont déclarés contre nous en état
de guerre, et, par cette démarche,
ont évidemment renoncé aux propriétés qu'ils possédaient dans la république. En appelant toute la sévérité,
toute la vigilance du gouvernement sur
ces hommes, que des projets criminels ont pu seuls ramener parmi nous,

j'invoquerai sa justice pour les infortunés qui ont des droits à la réclamer. L'assentiment de quelques hommes qui sauront apprécier mon dévouement et mes motifs sera ma récompense.

DU RETOUR

EN FRANCE

DES ÉMIGRÉS.

———

Dans toutes les questions relatives à l'émigration, le plus grand mal sans doute est venu de ne pas s'entendre ; et comme tout a été proscrit, aujourd'hui tout est victime. L'émigration, isolée de tout ce qui depuis l'a rendue criminelle, n'aurait pas dû être considérée comme un délit capital. Il fallait sans doute la réprimer, puisqu'elle transportait hors du territoire français les richesses de la France ; il fallait l'entraver par tous les moyens : mais quelles ressources restaient à la raison froide et impartiale dans ces terribles momens où toutes les passions étaient déchaînées, où le soupçon de la modération était poursuivi comme la conviction du crime, où le silence même n'était plus un asile pour l'homme juste ?... L'assemblée constituante, par une fausse interprétation du mot *émigré*, ouvrit la porte à tous les abus qui en sont ré-sultés.

L'émigration en elle-même n'est point un crime ; elle n'est que le simple usage d'un droit que rien ne peut ôter à l'homme en société ; celui de disposer de sa personne comme il l'entend. Tout commentaire sur ce mot est inexact, toute application de circonstances aux individus est injuste. On n'avait pas plus le droit d'exiger d'un homme ou d'une famille qu'ils restassent spectateurs tremblans des scènes sanglantes qui ont déchiré la France, qu'on n'a celui de forcer un citoyen non assujéti aux lois de la conscription de prendre rang dans les armées. Aucunes lois préexistantes ne défendaient de sortir de France : l'effet rétroactif de ces lois a donc été une injustice; la confiscation *absolue* (1) des biens des émigrés une injustice plus forte, et enfin la peine capitale qui leur a été *indistinctement* appliquée un acte tyrannique et barbare que le 18 brumaire ne pouvait laisser subsister.

Mais, par une déplorable fatalité, ces

---

(1) Je reviendrai sur cette idée.

idées saines, justes, tolérantes, fausse-
ment et perfidement appliquées, sont
devenues, entre les mains des ennemis
de la république, une arme terrible pour
l'assassiner.

Parmi ces nombreuses classes d'émigrés
que la terreur, le mécontentement, ou la
haine des nouvelles institutions éloignaient
de leur patrie, les uns, constamment
étrangers à toutes les intrigues politiques,
cherchaient la paix chez les puissances
neutres, et des débris de leur fortune
y formèrent des établissemens ; d'autres,
livrés à des spéculations commerciales, ne
cessèrent d'entretenir des correspondances
avec leurs amis de l'intérieur, et, fati-
gués des malheurs d'un long exil, atten-
daient avec impatience le moment où un
gouvernement plus juste, ou moins sé-

vère, oublierait leur première erreur, et les rappellerait dans le sein d'une patrie que leur cœur n'avait jamais abandonnée. D'autres enfin, (et c'est contre eux que se forme la redoutable ligue de tous les amis de la révolution) pressés par un insatiable besoin de vengeance, ennemis de toutes les idées libérales, dévoués à une dynastie sans courage et sans vertu, parce qu'ils n'attendent que d'elle le rétablissement de quelques privilèges et de quelques droits , dont le poids oppressif accablait le peuple, sortis à peine de leur patrie, ont parcouru l'Europe pour lui susciter des ennemis ; ont fortifié leurs lignes ; ont créé des corps nombreux, destinés à les seconder en combattant sous leurs ordres ; ont inondé la république de faux assignats ; ont payé ou servi tous les crimes, menacé toutes les existences et toutes les fortunes ; et, proscrits enfin par l'Europe toute entière, indignée de tant d'audace et de bassesse, nous rapportent avec leur haine, tout le mépris dont ils sont couverts, et qui accompagne partout les traîtres.

Ces hommes ne sont pas seulement des émigrés, ce sont des *rebelles,* et c'est sous ce nom que je les désignerai. La république doit être inflexible contre eux comme ils l'ont été contre elle. Ce ne sont pas des ennemis domptés, l'orgueil et la haine ne se domptent jamais ; ils portent les armes même au milieu de nous, et l'expérience a prouvé qu'ils sont étrangers à tous les sentimens de la pitié...... On les a vu, lors des malheurs de l'infortunée ville de *Lyon,* repousser de leur confiance, et même de leur société, ces tristes victimes de nos discordes intestines, à peine échappées à la mort; et le farouche prétexte de cette férocité sans exemple était *que les Lyonnais avaient servi la révolution dans ses premières époques, et en avaient adopté les principes.* Ainsi les liens sacrés du malheur, qui rapprochent ceux que de longues haines avaient divisés, sont brisés par ces êtres barbares et stupides, dont le fanatisme et les préjugés ont fermé les ames à la nature ! Et voilà les hommes auxquels les portes de la république ont été ouvertes de toutes parts !.....

De grands intérêts commandent en ce moment au gouvernement la surveillance la plus active, et à tous les amis de la liberté une surveillance auxiliaire. Je ne puis me résoudre à partager la sécurité de quelques hommes, dont l'insouciance est le résultat d'une grande inexpérience, et qui ne voient de dangers que là où les dangers sont pressans et irremédiables. Ce système impolitique nous a successivement conduits aux résultats les plus désastreux ; et, sans remonter à des époques très - éloignées , n'est - ce pas aux choix inconsidérés de l'an V que nous devons cette journée du 18 fructidor , si diversement jugée ; si nécessaire et si fatale , où la proscription , qui eût dû ne frapper que quelques conspirateurs , atteignit des hommes chers à la république, et, confondant ensemble le crime, l'erreur et la vertu, devint le triomphe d'une faction, et la ruine de la liberté.

Il n'y a de parallèle à établir entre l'époque qui précéda cette journée et celle où nous sommes qu'en quelques points; c'est qu'alors, comme aujourd'hui, les émigrés rebelles rentrés dans le sein de la république y jouissaient de l'impunité; alors, comme aujourd'hui, ils créaient une opinion factice qui des classes les plus opulentes de la société descendait jusqu'au peuple, et corrompait ses plus nobles pensées, celles qu'avait développées le 14 juillet 1789; alors, comme aujourd'hui, ils y déchiraient, dans leurs libelles et dans leurs discours, l'autorité bienfaisante qui tolérait leur retour, et fermait les yeux sur leurs projets insensés; alors, comme aujourd'hui, ils flétrissaient de leurs calomnies les réputations les plus pures, et for-

çaient les meilleurs citoyens à se justifier,
devant de criminels ou de lâches trans-
fuges, de tout ce que l'amour de la patrie avait osé contre les Bourbons. Ce
qui doit sans doute diminuer les craintes,
c'est que dans l'an V le gouvernement,
déchiré, tiraillé dans tous les sens, devenu la proie des factions les plus con-
traires, n'avait par conséquent point de
volonté, et qu'aujourd'hui cette volonté
est fixe, une, invariable. Ce qui ne prou-
vait que la faiblesse du gouvernement d'a-
lors prouve jusqu'à ce jour la puissance de
celui-ci. Puisse l'usage de ses forces n'en
pas être l'abus, et préparer de nouveaux
déchiremens! Du moins est - il certain
que tous les moyens sont essayés par
nos perfides ennemis pour surprendre
et enchaîner la confiance du gouverne-

ment. On effrayait par des menaces un directoire tremblant et mal affermi : on cherche à surprendre par le récit de malheurs trop mérités des consuls qu'on sait accessibles à des sentimens généreux.......

Des sentimens généreux!... Les hommes auxquels la France a confié le soin de sa gloire et de son bonheur en connaî-tront - ils d'autres que ceux de justifier le choix et l'attente honorable de leurs concitoyens ? Toi surtout, jeune héros, qui as élevé si haut les destinées du peuple français; toi, le vainqueur de l'Europe et bientôt son pacificateur, qui deux fois attachas ton nom à des journées si fa-tales au royalisme et à l'anarchie; toi, non moins le héros de vendémiaire et

de brumaire que d'Arcole et de Ma-
rengo , jette les yeux sur ce qui t'envi-
ronne : lorsque du faîte de ta gloire tu
vas donner la paix au monde , d'obs-
curs , de lâches ennemis s'agitent dans
l'ombre , et cherchent à ranimer le spec-
tre de la guerre civile... J'avais oublié
que tu étais mortel ; des souvenirs déchi-
rans , des craintes invincibles me le rap-
pellent : songe qu'à tes destinées sont
à jamais unies celles de trente millions
d'hommes qui t'ont proclamé le chef de
leur révolution , et le défenseur des
institutions qu'ils réclamèrent il y a onze
années. A quel titre les ennemis du
peuple français oseraient - ils donc invoquer ta clémence ? Une aussi belle gloire
n'est - elle pas à ce peuple comme à toi-
même ? quelle plus haute garantie pour-
rait-il te demander ?

L'un des effets les plus désastreux de la rentrée des rebelles, c'est l'état de découragement et d'incertitude dans lequel se trouve jetée une foule de citoyens peu éclairés, qui, accoutumés à ne juger des actes du gouvernement que par les résultats, se persuadent que l'intention de l'autorité est de recréer tout ce que la révolution a détruit. Cette idée fatale a déjà jeté de profondes racines ; unis au fanatisme intolérant de quelques prêtres, les rebelles la fortifient. Pour éloigner le peuple des idées saines et justes, ils le trompent. Nouveaux révolutionnaires, ils proscrivent, ils persécutent, non pas encore à découvert, (ils ne sont pas assez sûrs de leurs forces) mais indirectement et dans l'ombre. C'est au nom de Dieu et de je ne sais quel

fantôme de roi qu'ils prient ou qu'ils menacent. Ignorante et crédule, la multi-
tude est bientôt entraînée....

Quelque sévère que se soit rendu le
gouvernement sur les surveillances à accorder, ses intentions ont été rarement
remplies, et le nombre des rebelles déjà
rentrés, ou que l'espoir de l'impunité
rassure et détermine à courir des chances
qui offrent à peine un danger éloigné et
incertain, se multiplie d'une manière
alarmante. C'est à Paris qu'ils se rendent
d'abord, et c'est de là qu'ils se ré-
pandent dans l'intérieur de la république,
plus intolérans et aussi proscripteurs que
s'ils n'avaient pas été proscrits. J'appuie-
rais de cent faits chacune de ces asser-
tions et toutes celles qui précèdent, si

je ne m'étais interdit toute citation étrangère aux questions générales dont je m'occupe; je serai fidèle à l'engagement que j'ai pris avec moi-même. Lié pour jamais à la cause de la liberté que j'ai servie, je m'honorerais de partager les périls de ses défenseurs, si des périls existaient pour eux : rechercher la source de ceux qui pourraient les menacer, l'indiquer à la vigilance du gouvernement, c'est les prévenir.

J'ai parlé incidemment dans ma note préliminaire du nombre des émigrés rebelles, et j'ai avancé que ce n'était nullement par leur nombre qu'il fallait juger de leur influence. Il serait maintenant difficile d'en porter un calcul certain : les évènemens de la guerre, les maladies ont éclairci leurs rangs, et ce n'est plus dans les anciens cadres formés sur les frontières de l'Allemagne, au commencement de cette guerre, qu'il faudrait se régler. Une grande partie de ces rebelles a depuis long-tems quitté l'armée de M. de Condé ; les uns sont passés au service de l'Angleterre, de l'Autriche ou de la Russie ; d'autres se sont disséminés dans l'Europe, et n'ont pris depuis long-tems aucune part à la guerre que la république française a soutenue au prix de tant de sang et de trésors, et avec tant de gloire. Plusieurs se sont retirés en Espagne : après avoir fait la guerre pour cette puissance, ils sont demeurés pendant la paix tranquilles dans ses états ; ils ont religieusement respecté ses traités avec la république, qui reconnaîtra peut - être dans cette conduite quelques titres à son indulgence.

En 1791 les armées ennemies s'organisaient ; des tableaux portant les noms et les pays des émigrés qui y demandaient à être attachés au service de l'Autriche furent envoyés au gouvernement français. Cette assurance hâta les mesures de rigueur que l'assemblée constituante adopta contre les émigrés. Les discussions qui eurent lieu à cette époque, et dont je ne partage pas indistinctement tous les principes, les renseignemens que recevaient sans cesse le gouvernement et le comité des recherches de l'assemblée, ne laissèrent aucun doute sur le but des rassemblemens, et pro-

voquèrent des mesures qui furent in-
justes, par cela seul qu'elles furent générales. L'indignation confondit tout;
ni le sexe, ni l'âge ne furent épargnés;
la proscription des *émigrés* fut univer-
selle, et il ne fut pas possible de ramener à des idées plus justes pendant
la fermentation inséparable d'une guerre
terrible, et de l'explosion de toutes les
passions révolutionnaires. C'est maintenant que toutes ces vérités, long-tems
retenues, doivent être développées avec
toute la force de la justice, et que l'inflexibilité pour le crime doit marcher à
côté du pardon pour l'erreur.

Lors même que les notes dont j'ai
parlé plus haut n'eussent jamais existé,
lors même qu'elles n'existeraient pas

encore, lors même qu'il n'y aurait aucune donnée certaine pour prononcer entre les émigrés rebelles et les simples fugitifs, il est évident qu'on s'exposerait à de très-légères erreurs en consultant la notoriété publique dans les départemens où serait l'ancien domicile de l'émigré, en s'informant de son âge, de ses opinions, de sa moralité, enfin de toute son ancienne existence à l'époque de son départ.

J'ai parlé précédemment des dangers auxquels leur présence expose l'état : à ces premières considérations j'en ajouterai quelques autres aussi importantes et non moins senties.

La révolution française n'est qu'un grand procès entre le peuple, ses droits, sa liberté, et le fanatisme, l'oppression et l'orgueil de quelques individus qui, sans autre titre qu'une longue usurpation, réclament le droit d'opprimer encore. Ce procès, jugé depuis long-tems par tous les philosophes, dont les lumières ont éclairé l'humanité, vient enfin d'être terminé par la force des armes, qui, pour la première fois peut-être, s'est unie à celle de la raison.

Tout espoir de renversement par la force extérieure détruit, il a fallu redoubler d'efforts pour arriver aux mêmes résultats par les convulsions intérieures. Le retour à toutes les vieilles idées, le mépris de toutes les institutions créées par la révolution, tous les amis de la liberté indistinctement proscrits comme *jacobins,* de grandes incertitudes jetées sur la légitimité des acquisitions de propriétés nationales, les menaces réitérées faites à une foule d'acquéreurs, les vengeances sanglantes exercées sur quelques autres, les suggestions criminelles des prêtres perturbateurs, l'institution publique dirigée dans le sens des conspirateurs, enfin la corruption générale de l'esprit public, ont été confiés à quelques hommes dignes d'être chargés d'une telle direction.

Encore une fois, ce n'est point comme une fraction isolée qu'il faut considérer chaque émigré rebelle rentrant en France, mais comme une partie agissante d'un grand tout, constamment occupée à renverser par tous les moyens l'immense édifice de la révolution française.

Leurs projets ne sont pas douteux ; le but unique de tant de soins, de démarches, de dangers est le rétablissement de la royauté dans la dynastie des Bourbons, pour l'exploiter à leur profit ; c'est avec elle la résurrection de tous les abus, de toutes les oppressions, de tous les fanatismes ; c'est le sacrifice immédiat de tout ce qui a servi la révolution, de tout ce qui a professé des opinions libérales, de tout ce qui a concouru à l'établissement ou au maintien des nouvelles idées.

Le gouvernement français a parfaitement senti que le sort de la révolution reposait tout entier sur l'invariabilité de cette partie de la législation relative à la vente des propriétés reconnues nationales ; aussi a-t-il ordonné que tout ce qui serait légalement vendu serait hors de toute atteinte , et qu'à aucun titre les anciens propriétaires, quelque justes que fussent leurs demandes, ne seraient admis à réclamer l'expropriation des nouveaux acquéreurs. Ces mesures sont nécessaires , mais elles sont insuffisantes ; les gouvernemens qui ont précédé celui qu'a fondé le 18 brumaire ont placé celui-ci dans la nécessité pénible de maintenir et de consolider des injustices particulières , pour ne pas commettre une grande injustice nationale.

J'ai déjà dit que le gouvernement n'avait pas eu en 1792 le droit de prononcer la confiscation *absolue* de tous les biens des simples émigrés, et alors il eût été plus juste à la fois et plus politique de soumettre ces biens à une double, à une triple imposition, suivant ce qu'auraient exigé les besoins de l'état. Par-là on se serait conservé d'immenses ressources, et l'on n'aurait pas consommé la ruine d'un grand nombre de familles ; car je répète que le simple délit d'émigration ne saurait entraîner la peine capitale ; et cependant, la confiscation prononcée, la vente effectuée, le gouvernement ne peut qu'en poursuivre sévèrement l'exécution, et accorder, ou sur d'autres biens ou en numéraire, les indemnités qu'il jugera réclamées par la justice. Ces mesures, loin d'attenter en rien au crédit public, graveront plus profondément cette idée dans tous les esprits : que le gouvernement est irrévoca-

blement décidé à maintenir tout ce qui
a été précédemment décrété ou arrêté
dans les questions relatives à l'émigration.

Mais par quelle inconcevable fatalité
faut-il voir sans cesse à côté des vaines
réclamations des victimes quelques cou-
pables protégés, et fiers de leur impunité, insulter par leur triomphe à la
justice du peuple français et à celle des
dépositaires de son autorité ?

Si le salut de l'état cessait un jour de
commander dans l'exécution des mesures
relatives à l'émigration la même sévérité,
de quel droit ces hommes oseraient-ils
invoquer l'indulgence ? ou plutôt de quel
droit jouissent-ils aujourd'hui de toutes
ses faveurs ?..... Pourquoi avoir besoin de

se rassurer contre leur présence ? pourquoi les républicains cherchent-ils, avec tant d'empressement, dans les discours des agens de l'autorité suprême une sécurité qu'ils devraient trouver dans leurs actes ? Ce langage n'est point l'effet de la crainte ; il est l'expression d'un sentiment profond et long-tems retenu. Gouvernans et administrateurs, si trop de générosité vous abuse et trahit votre justice, nous oserons vous prémunir contre vos propres vertus. Quel plus digne hommage pourrions-nous leur rendre ?

Pour répondre une fois pour toutes aux invectives les plus absurdes et les plus calomnieuses, pour justifier devant la bonne-foi trompée des opinions fortement commandées par le salut de l'empire, qu'on examine seulement avec une raison froide, mais impartiale, et dans le silence de tous les intérêts particuliers, l'état de la France, et l'avenir que quelques misérables lui préparent. Parmi les amis éclairés de la révolution on verra le desir constant de prévenir des renversemens nouveaux, de maintenir de tous leurs moyens ce qu'ils ont acheté au prix de tant de sang versé, de tant de trésors prodigués; de concilier au gouvernement tant d'affections froissées; d'apprendre à l'Europe qu'il ne lui reste plus d'espoir dans nos divisions intestines, et que les principes du 18 brumaire ont réuni l'immense famille du peuple français : mais si je détourne un moment mes regards, si je les porte sur nos éternels ennemis, j'aperçois les convulsions de la vengeance et de la haine, des complots sans cesse avortés et toujours renaissans , dont la stupidité seule surpasse la scélératesse ; des assurances d'amnistie et de clémence données aujourd'hui , et démenties par leurs proclamations du lendemain ; alternativement , et selon le thermomètre des cours de l'Europe, d'insolentes menaces ou d'insidieuses promesses adressées aux acquéreurs des biens nationaux ; l'éloge de Bonaparte dans quelques bouches , son assassinat préparé dans leurs instructions; les mêmes hommes soudoyés par l'Angleterre , et déchaînés contre elle , également implacables contre les individus et les institutions, et, réunis dans ce seul sentiment , la haine profonde de tout ce qui a servi la révolution. Vainqueurs aujourd'hui, et se proscrivant entre eux demain ; créant dans leurs propres

rangs des modérés et des suspects ; prêts
à rétablir les tribunaux révolutionnaires,
les commissions militaires ; armés contre
nous, et bientôt contre eux-mêmes, de
notes, de souvenirs, de soupçons! Leur
clémence! qui oserait y croire? Français
paisibles qui, restés parmi nous, jugez
dans votre erreur leurs ames par les vôtres;
vous qui n'êtes les ennemis que de nos
opinions, et qui, dans l'illusion de vos
délirantes espérances, croyez à l'humanité de ces hommes, et appelez leur triomphe par vos vœux; vous, plutôt leurs
dupes que leurs complices, et qu'un sentiment généreux et respectable attache à
ce que vous appelez leur infortune, dé-
trompez-vous, ou n'exigez pas que nous
soyons abusés par les mêmes erreurs; si
vos desirs étaient remplis votre empire

serait d'un jour, vos regrets éternels, et nos malheurs irréparables ! N'accusez plus la sévérité des républicains et celle du gouvernement qu'ils se sont donné : ils seront justes, parce qu'ils sont forts; et si leur ame ne s'ouvre pas à *l'indulgence*, c'est que le salut de l'empire est leur premier devoir, leur invariable volonté, et qu'une conspiration, toujours renaissante, toujours active, réunit contre la liberté française, et jusqu'aux extrémités de l'Europe, les hommes en faveur desquels vous n'écoutez qu'une pitié imprudente ou aveugle !

J'ai annoncé que je n'entrerais point dans une discussion financière. Des esprits plus familiarisés que le mien avec ces matières ont traité cette question avec une supériorité qui interdit toutes réflexions ultérieures : ils ont prouvé, avec une force à laquelle on n'a jamais répondu, que le salut de l'empire reposait sur la vente de ces propriétés et la confiance de leurs acquéreurs, et je ne veux que résumer ici ce que j'ai avancé dans le cours de cet écrit ; c'est qu'en conservant toute l'inflexibilité de la législation, le gouvernement doit ne pas séparer ici sa justice de sa clémence, et accorder, ou en nature ou en numéraire, des indemnités aux malheureux dont, par un abus déplorable, les noms auraient été inscrits injustement ou par erreur sur les listes fatales. Cette opération, dont j'ai démontré plus haut la facilité, laisse peu de moyens à l'arbitraire, détruit, par la promptitude de son exécution, toutes les intrigues, toutes les espérances mal fondées; fait disparaître cette nuée de surveillances de tous les abus les plus dangereux; éloigne de nos cités, et surtout de nos campagnes, les ennemis privilégiés qui les trompent et les corrompent, et fait refluer chez l'étranger ces bandes funestes qui ont bien pu consentir à déposer provisoirement leurs armes, mais qui ont conservé toutes les passions, tous les souvenirs de la haine..... Pour qu'on ne me la répète plus, je veux répondre à une objection trop souvent présentée, et qui n'en serait pas une si elle eût été précédée d'un moment de réflexion.

L'état actuel du trésor national est sans doute loin de permettre la moindre application des fonds publics à des objets étrangers à la guerre ou à l'administration ; mais pourquoi ne pas assimiler le sort des infortunés dont je m'occupe à celui des rentiers de l'état, et se contenter dans la situation présente des choses de reconnaître leur titre à des indemnités nationales ? Ce plan serait d'autant plus facile à exécuter, qu'à la fin de la guerre les revenus de l'état offriront à sa bienfaisance tous les moyens de se multiplier.

Dès l'instant où ces mesures auront été adoptées, combien l'hypothèque des biens domaniaux deviendra plus assurée et hors de toute atteinte ! elle sera ainsi sanctionnée par un acte éclatant de justice nationale ; elle réunira toutes les opinions, détruira les scrupules de la faiblesse et les objections de la mauvaise foi, dissipera les incertitudes , attachera une grande valeur à ces propriétés , fermera la porte à toutes prétentions , et créera une grande opposition nationale.

A-t-on espéré , espère-t-on encore que les émigrés rebelles dont on tolère le retour verront d'un œil tranquille , et sans y opposer tous les obstacles qui dépendront d'eux , la vente de leur antique patrimoine ? Peut-on même raisonnablement l'exiger ? Non, sans doute. Hé bien ! les actes , les discours d'une foule d'autorités secondaires semblent , depuis quelque tems , annoncer le retour sans choix de tous les émigrés, l'intention de les rétablir dans leurs propriétés , j'oserais ajouter celle d'en dépouiller les nouveaux acquéreurs. A Dieu ne plaise que j'attribue à un gouvernement réparateur une résolution aussi subversive ! mais il n'en est pas moins constant que cette opinion a été trop long-tems accréditée par la conduite d'un grand nombre de ses agens, et qu'il a fallu toute la sévérité des dernières mesures pour en faire revenir. Que n'a - t - on calculé à quel point son règne de quelques momens a pu la rendre fatale ! N'était-il pas bien facile de voir que, la première barrière franchie, les premières lois constitutionnelles méconnues les prétentions des émigrés s'éleveraient en proportion des avantages qui leur étaient accordés ? et, en effet, comment n'eussent-ils pas senti ce que tout le monde sentait si bien ? c'est que les obstacles, qui ne permettaient pas encore leur rentrée dans leurs anciennes propriétés, étaient moins insurmontables que ceux qui naguère s'opposaient à leur retour sur le territoire français, et dont ils venaient de triompher. Je me plais à reconnaître ici que dans cette circonstance la direction du gouvernement est redevenue ce qu'elle n'aurait jamais dû cesser d'être; politique et sévère, mais juste dans l'exécution postérieure des mesures dont il avait cru devoir s'écarter pendant quelque tems. Il n'a pas dû punir des hommes qui s'étaient crus autorisés, et qui l'avaient été en effet; il a dû les replacer vis à vis de la république dans l'état de guerre qu'ils ont choisi eux-mêmes, et leur enlever pour jamais des espérances que le salut de l'état ne leur permet plus de conserver.

Aujourd'hui les plus grands intérêts se présentent ; le terme de la révolution s'approche , il est marqué par la force et la sagesse du gouvernement : il était annoncé par le besoin général du repos, la fatigue des orages révolutionnaires, le rétablissement lent et progressif de toutes les parties de l'ordre social. Nous touchons au dénouement de ce drame terrible qui occupe l'Europe depuis près de douze années ; et comme ce grand évènement , en fixant les destinées de la France , fixera également celles de ses ennemis, tous leurs efforts se réunissent pour en éloigner l'issue , ou la diriger selon leurs vœux. Il n'y a pour les émigrés rebelles qu'une manière de finir la révolution ; c'est le rétablissement de cette dynastie non moins détrônée

par ses propres fautes que par la volonté toute puissante du peuple français,
et qui, au bout de douze ans d'une
révolution sanglante, nous offre pour
toute perspective les périodes d'une révolution nouvelle à parcourir. Les insensés! tant de gloire dont rayonne cette
nation qu'ils ont abjurée ne les désarme
pas! Loin de se résigner à un malheur
inévitable, et d'attendre du tems quelque adoucissement à la juste rigueur de
leur sort, ils s'encouragent par les maux
qu'ils nous ont causés aux maux qu'ils
nous préparent. Ils élèvent tous les obstacles qui entraveront la paix; ils ne
peuvent supporter l'idée du bonheur des
Français, et prolongent les crises fatales
sous lesquelles nous avons été si souvent
près de succomber. Heureuse sous un

gouvernement tutélaire, la république respire; l'enthousiasme ou la raison, l'admiration ou la nécessité, ou même la fatigue des orages révolutionnaires lui ont rattaché tous les cœurs, toutes les opinions, toutes les espérances; et lorsqu'une main bienfaisante a cicatrisé des plaies cruelles, leur haine sacrilège s'apprête à déchirer de nouveau le sein qui vient de s'ouvrir pour eux !...

Si ces ames desséchées par une rage impuissante, ou flétries par d'absurdes préjugés, sont demeurées froides et insensibles au spectacle de tant de prodiges opérés par les Français, comment a-t-on pu espérer que la voix de la patrie pénétrât un jour jusqu'à elles ? La haine des rebelles s'est fortifiée par leurs défaites, et le moment prochain où la révolution sera terminée est celui qu'ils redoutent le plus. Ils ne peuvent pardonner à Bonaparte sa gloire, son élévation, et à la nation française le bonheur qu'elle se promet d'un gouvernement fondé sur l'accord unanime des volontés qu'elle exprima en 1789. Ils protesteront contre la félicité publique, parce que cette félicité n'aura pas été leur ouvrage, et je ne doute pas qu'ils n'entreprennent de prouver à cette nation, triomphante de tant d'armées et d'intrigues, qu'elle ne jouit pas d'un bonheur *légitime*. Ce délire n'exciterait que la pitié si le souvenir de tant de sang versé, si le spectacle récent de tant de complots sans cesse renoués ne ralumait l'indignation.

Toutes les pièces de la dernière conspiration prouvent assez à quel point Bonaparte leur est odieux : ce sont bien moins nos principes qu'ils redoutent que le génie qui préside aux destinées du peuple français. Si les ennemis de son indépendance furent subjugués par la force de ses armes, les rebelles émigrés savent bien qu'ils ne seront véritablement vaincus que par celle de la sagesse. Le calme est plus funeste pour eux que la tempête. Après tant de déchiremens l'autorité bienfaisante qui donne la paix établit son empire dans les cœurs, et fortifie par l'amour ce qu'elle fonda par le courage... Ce moment est venu : il ne restait aux rebelles que l'apparence d'une soumission contrainte, ils ont obéi à la nécessité. Pendant qu'au dehors les uns ne ces-

saient de poursuivre leurs criminels projets, les autres, fidèles à leurs instructions, se rapprochaient du gouvernement, cherchaient à s'insinuer dans sa
confiance, à pénétrer ses vues, égaraient
sa justice en vantant sa clémence!.......
Ah! si des espérances, dont tout a dé-
menti l'illusion, ont fait supposer un
moment que les mêmes hommes qui,
depuis douze ans, ont tout sacrifié à
l'insatiable passion de la vengeance, sa-
crifieraient aujourd'hui cette même vengeance au bonheur de leur patrie, l'erreur a été promptement dissipée : l'instant qui adoucissait leur proscription
entraînait celle de tous les amis de la
liberté, et recommençait la révolution...
Ce spectacle ne pouvait avoir des té-
moins indifférens parmi les hommes dont
l'existence est liée au sort de cette révolu-

tion, au triomphe des principes qui l'ont amenée, et sur lesquels elle repose. La marche actuelle du gouvernement justifie assez les craintes qu'ils avaient conçues d'une marche opposée, craintes trop légitimes, et dont l'avenir seul peut effacer les traces. En dernière analyse, si l'autorité suprême pouvait être quelques instans incertaine sur le choix des hommes qu'elle doit investir de toute sa confiance, qu'elle n'oublie jamais que les amis éclairés de la liberté n'ont de salut, de protection, de gloire à attendre que d'elle, et que le jour où ces vérités auront été hautement proclamées et universellement senties sera véritablement celui qui terminera la révolution.

Je ne sais si (comme on a déjà essayé

de me le faire entendre) il n'y a aucun courage à oser publier des réflexions qui seront si diversement appréciées, et qui doivent donner à leur auteur des ennemis aussi influens et aussi implacables : ce que je sais mieux, c'est que jamais je ne me suis rendu odieux à moi-même par l'exécution ou la proposition d'une mesure sanguinaire ou injuste ; c'est que , personnellement victime des excès de la terreur révolutionnaire, je n'ai pu voir sans frémir s'approcher de nous le fantôme hideux de la terreur royale, devancé par la contre-révolution. Agité de souvenirs sanglans , je n'ai pas cherché dans l'histoire des tems passés les leçons que les annales contemporaines nous présentent : un cri funèbre se prolonge de Naples jusqu'à

Paris , et nous apprend quelles sont les vengeances des rois ! Le tyran de la triste Italie , l'imbécille et barbare Ferdinand , devenu plus féroce par les conseils de ses ministres et des lâches complices de sa fuite, en épouvante l'Europe ! ni le sexe , ni l'âge , ni le génie n'ont trouvé grâce devant lui! Depuis son retour les tombeaux de la ville infortunée où il régna sont plus habités que ses palais ; et les actes qui ordonnent tous ces forfaits attestent la clémence de ce prince. Dérision insultante et sacrilège qui veut rendre le ciel complice de tant d'assassinats ! O Français ! ces leçons seront-elles perdues pour vous!...

Par quels étranges sophismes des hommes qui n'ont pas versé une larme pendant les longs orages de la révolution oseront-ils m'accuser de manquer de sensibilité, et d'insulter au malheur? Le malheur! je le vois dans tous ces êtres dont la justice du gouvernement, plutôt encore que son indulgence, prononcera sans doute le retour; dans ces femmes dont le sort était lié à des individus qu'elles ont dû peut-être ne pas abandonner; dans ces enfans qui n'ont connu la vie que par les maux qui la rendent odieuse; dans ces vieillards qui appartiennent plus à la tombe qu'aux factions, et dont les infirmités et les années commandent plus de pitié et de respect que leurs égaremens ou leurs préjugés n'ont dû inspirer de haine. Mais que cette clémence coure chercher ses objets au milieu des armées ennemies; que les lauriers qui sont réservés à nos guerriers soient prostitués sur le front des rebelles, je rejette avec horreur jusqu'à l'idée d'un tel opprobre, et quel que soit l'avenir, quels que soient les évènemens de la guerre, et le sort de cette France dont la destinée fixera celle des républicains, l'exil, la proscription, la mort sont préférables à un tel degré d'avilissement !

Je le répète, (et tous les hommes qui ont servi la révolution, et qui n'ont pas trahi cette cause sacrée, m'entendent) les fanatiques et les émigrés rebelles confondent tout dans leur haine; il n'y a pour eux *qu'un jour* entre le 14 juillet 1789 et le 22 septembre 1792 ; j'ajouterais, avec presqu'autant de vérité, jusqu'à l'instant où je publie cet ouvrage. Les listes fatales sont prêtes; aucun nom n'a échappé, aucun souvenir n'est effacé ; le pardon ne serait pas même le prix de la bassesse qui consentirait à l'implorer. Ah ! si l'on avait à prouver l'injustice des accusations qu'ils multiplient contre tous ceux qui ne partagent pas leur délire barbare , je rappellerais avec quelle perfidie ils dé-chirent à la fois de leurs calomnies et les bourreaux et les victimes ; je citerais ce Peltier établissant un parallèle entre *Mallet-Dupan* et *Marat* , et réservant toute son horreur pour le premier !... (1)

____

(1) Qui n'a pas été frappé en lisant les feuilles anglaises d'une indignation profonde contre ce misérable Peltier, qui a attendu que *Mallet-Dupan* (dont au reste je ne justifie pas plus que je ne les partage les opinions politiques) eût fermé les yeux pour accabler sa mémoire des calomnies les plus odieuses ?

Je ne me suis point exagéré les dangers ,
je les ai crus pressans ; je me suis convaincu
que le destin de la république française ,
si forte au dehors , si terrible par ses armées , était irrévocablement uni dans l'intérieur à la sévère exécution des mesures
prises contre les émigrés rebelles. J'ai **vu**
que du maintien de ces mesures dépen-
daient le crédit public , source de toute
prospérité ; la stabilité du gouvernement,
la confiance et l'attachement de cette classe,
aussi considérable que précieuse , d'acquéreurs de domaines nationaux ; la sûreté
des amis de la liberté et leur dévouement :
et enfin que c'était principalement ainsi
que les gouvernemens étrangers recon-
naîtraient que, si les hommes, successivement appelés en France à l'autorité suprême , avaient éprouvé de fréquentes

révolutions , les principes sur lesquels la France était constituée, et sa haine pour les traîtres , avaient constamment résisté à toutes les agitations, quels que fussent les changemens de systèmes qu'elles eussent amenés.

J'ai écrit pour les hommes qui aiment et veulent la liberté; je n'ai point parlé le langage des proscriptions , je ne le connus jamais, et ils ne m'auraient point entendu : celui d'une juste sévérité était le seul qui convînt aux circonstances. Nous sommes tous solidaires dans cette grande cause qui fixe les regards de l'Europe; et si l'arbre de la liberté, qui a déjà jeté parmi nous de si profondes racines, pouvait se flétrir et succomber sous tant de mortelles atteintes qu'il a reçues , j'attendrais encore le salut de la France de cette émulation sublime de gloire et de dangers qui fortifie les liens qui unissent les gouvernés aux gouvernans , et consolident la liberté des peuples , en ajoutant à la puissance des dépositaires de leur autorité.

F I N.

9 782329 677446